ÉLECTIONS DE 1842.

DES

DANGERS DE LA FRANCE

ET

DE L'UNITÉ D'OPPOSITION,

PAR D. P. M. MAILLEFER.

L'Union fait la Force.

PARIS,

LIBRAIRIE DE PAULIN,

33 RUE DE SEINE.

1842.

ÉLECTIONS DE 1842.

DES

DANGERS DE LA FRANCE

ET

DE L'UNITÉ D'OPPOSITION.

L'Union fait la Force.

Voilà douze ans que l'expérience de Juillet dure, et, pour la cinquième fois, le corps électoral est appelé à donner son avis sur le sens de la révolution. Qu'à certains égards cet avis ait paru plus d'une fois obscur, irrésolu, peu concluant, faut-il s'en étonner ? Dans les révolutions les plus rapides et, en apparence, les plus unanimes, il entre toujours une grande diversité de points de vue, d'intérêts et d'espérances. Les partis qui existaient avant les fameuses ordonnances, ceux qui sont nés de l'explosion, ne pouvaient guère songer à désarmer après un événement susceptible de tant d'interprétations. Un seul, croyant sans doute avoir touché la terre promise, se hâta de se retrancher dans les positions que lui avait acquises une fortune imprévue. D'une main tremblante d'émotion et d'inquiétude, il releva les barrières du pouvoir, et cria aux partis rivaux : « Vous n'irez pas plus loin ! »

Ce parti s'appela tout d'abord le parti de la résistance ou

du juste-milieu ; plus tard il se para du titre de conservateur. Quelques mois exceptés, on peut dire que depuis douze ans il a dominé sans partage dans les conseils de la couronne. Qu'a-t-il fait, au dehors et au dedans, pour la sûreté, la grandeur et le bien-être de la France?

Extérieur.

La France, en 1830 et 1831, était, comme on l'a dit, entourée d'une ceinture de révolutions. Toutes ces révolutions se proclamaient les filles ou les sœurs ou les alliées de la nôtre. Loin de nous la pensée que la France dût se compromettre chevaleresquement en faveur de tous ces mouvements : la faiblesse de son établissement militaire ne le lui permettait pas d'abord, et nous ne sommes pas de ceux qui comptent sur des miracles perpétuels de la part d'une multitude sans organisation. Il y avait des choix à faire ; il y avait des points sur lesquels se pouvaient concentrer nos négociations, au besoin nos menaces. Quelques garanties pour les peuples, quelques satisfactions pour nous-mêmes pouvaient devenir le prix de notre modération. Tous les échos du monde civilisé, du Gange au Saint-Laurent, retentirent assez joyeusement, qu'on ne l'oublie pas, du canon de notre grande semaine ; et le premier mouvement des monarques absolus fut de porter les mains à leur couronne pour s'assurer si elle tenait bien sur leur front. Des ministres français, doués d'un certain coup d'œil, pourvus d'un certain degré de décision et de fermeté, appuyés par nos chambres comme ils l'étaient par l'opinion européenne, auraient tiré un bon parti de cette première stupeur des cabinets. Le nœud gordien des traités de 1815, tranché sur quelques points, pouvait se dénouer sur d'autres. Quelques moments de politique lucide et ferme nous valurent les expéditions de Belgique et d'Ancône, qui réussirent sans allumer cette guerre universelle, cauchemar des esprits faibles. Savoir braver quelques chances de guerre, c'est le plus sûr moyen d'avoir la paix. Pourquoi le gouvernement de 1830 n'a-t-il pas persévéré dans cette voie? pourquoi ces hardiesses heureuses n'ont-elles abouti qu'à des résultats si pauvres et si peu honorables? C'est, il faut bien le dire, parce qu'il n'y a rien au monde de moins arrêté, de moins ferme, que le système soi-disant immuable; c'est que l'esprit de suite et la véritable prudence manquent à nos prétendus conservateurs, tout autant que l'énergie et la fierté nationale; c'est que, libres des scrupules du point d'honneur et des ardeurs de la grande ambition, ils n'en sont ni plus déterminés ni plus habiles.

Qu'ont-ils fait de l'alliance anglaise, cette dernière œuvre de la dextérité pratique de Talleyrand, cette ancre de sûreté de l'établissement du 7 août, ce thême inépuisable de triomphe? L'alliance anglaise n'a jamais pu être considérée sérieusement que comme un expédient temporaire :

Londres fut de tout temps l'émule de Paris.

Et il en sera ainsi tant que la France n'aura pas renoncé à toute grande destinée commerciale et maritime. Entre deux puissantes nations, si voisines l'une de l'autre, et si profondément divisées néanmoins par la similitude même de leurs tendances et de leurs convoitises, de telles rivalités paraissent inévitables, et il ne faut nullement les regretter lorsque, au profit des lettres, des sciences et des arts, elles créent une noble et féconde émulation. Envisagée comme rapprochement de circonstance, l'alliance anglaise était, à beaucoup d'égards, un des produits spontanés de la révolution de juillet. Le retentissement de cette révolution avait été immense de l'autre côté de la Manche. Un grand peuple ne se montre pas héroïque, magnanime, sans dégager une sorte d'électricité morale qui exalte, au-delà des continents et des mers, l'imagination et les sympathies populaires. Rien de plus contagieux que la liberté. Ce sont là les plus belles pages de l'histoire humaine, et l'âge d'or renaîtrait sur la terre si de pareilles pages devenaient des livres.

Qu'on se rappelle l'accueil enthousiaste fait à nos concitoyens dans toutes les provinces et les possessions de l'Angleterre, les députations de la grande métropole britannique à la métropole française ; les ovations de notre savant Arago, les triomphes inouis du soldat de Toulouse ; qu'on n'oublie pas quelle influence eut la révolution de juillet sur l'adoption du bill de réforme et de plusieurs autres mesures inspirées par le même esprit. A ces franches sympathies des masses, s'unissaient du côté des gouvernants un désir et un besoin réels de rapprochement avec la France. La Restauration, dans ses dernières années, penchait vers l'alliance russe ; et des intérêts, des rivalités de plus en plus inconciliables, entraînaient fatalement l'Angleterre à une lutte avec la Russie. Le monde a retenti des tribulations du pavillon anglais dans la mer Noire et des lamentations du parlement à ce sujet. Le gouvernement de Saint-James était alors ce qu'est devenu depuis celui des Tuileries, le plus humilié des gouvernements. L'orgueil anglais rongeait son frein en attendant l'heure de la vengeance. Harcelé par les tories, le ministère whig désirait un allié sur le continent. Les whigs avaient vu avec joie tomber les Bourbons de la branche aînée, partisans de l'alliance russe ; ils s'empressèrent de nouer des relations de bon voisinage avec la branche cadette, mal accueillie et périodiquement insultée par la légitimité moscovite.

Des convenances mutuelles rapprochaient donc les deux cabinets ; aussi l'ambassadeur de la dynastie d'Orléans, M. de Talleyrand, eut-il un brillant succès à Londres. Il est certain que la politique des Tuileries pivota pendant plusieurs années sur l'alliance anglaise, et cette alliance aplanit, de fait, quelques difficultés. Ce fut elle qui permit au gouvernement de Louis-Philippe d'envoyer une expédition armée à Lisbonne, un des points principaux des jalousies britanniques ; de marcher deux fois au secours de la révolution belge ; d'opérer l'occupation d'Ancône, les blocus de la côte mexicaine et de Buénos-Ayres. Ce fut elle qui amena le traité de la Quadruple Alliance et le fait assez peu ordinaire, d'une invitation adressée par des ministres d'Angleterre à des ministres de France d'intervenir militairement dans les troubles de la Péninsule. Ce fait seul prouverait qu'à une certaine époque l'alliance britannique ne manqua envers nos gouvernants ni de confiance ni de sincérité. Faute de prévoyance et de résolution, nos ministres conservateurs perdirent alors et l'occasion de nous attacher pour longtemps l'Espagne constitutionnelle, et celle de resserrer leur union avec le gouvernement britannique. Dès lors le refroidissement commence. La question d'Orient se présente derechef avec ses formidables complications. Tandis que notre ambassadeur hésite, louvoie et compte sur des communications ultérieures, la Russie se substitue brusquement à nous dans les bonnes grâces de l'Angleterre, et la France apprend un beau matin en s'éveillant que la vieille Sainte-Alliance est reconstituée de toutes pièces.

Certes, l'histoire s'étonnera de ce rare concours d'infortunes et de maladresses. Sacrifier la cause de tous les peuples sans obtenir la confiance ou la commisération d'un seul cabinet; abandonner les restes de la Pologne à la Russie, l'Italie à l'Autriche, la ligue commerciale allemande à la Prusse, l'Espagne et le Portugal à l'Angleterre, le Luxembourg et le Limbourg, des fragments de l'ancienne France, à la Confédération germanique; se brouiller avec le sultan, parce qu'on a l'air de vouloir protéger le vice-roi d'Égypte; avec ce vice-roi, parce qu'on livre ses provinces de Syrie au canon des conjurés du 15 juillet; avec tout le monde enfin parce qu'apparemment on ne fait pas ces concessions d'assez bonne grâce et le front assez bas; n'avoir qu'un seul allié et, sans compensation aucune, le voir, du jour au lendemain, passer au camp ennemi : n'est-ce pas là jouer de malheur ? et si l'on énumère ensuite l'affaire Conseil, suivie de si regrettables démonstrations contre la Suisse, le tribut de vingt-cinq millions induement payé aux États-Unis, le traité de la Tafna, les résultats piteux de nos expéditions d'Ancône, de la Vera-Cruz et de la Plata, les embarras, les affronts et les pillages de nos navires résultant du droit de visite, ne sera-t-on pas fondé à dire que le système conservateur a eu le triste privilége d'accumuler en dix ans les fautes et les déroutes diplomatiques de tout un siècle?

Ce rapide tableau de nos misères extérieures est pourtant adouci plutôt qu'exagéré. Le lecteur impartial n'a pour s'en convaincre, qu'à parcourir les débats parlementaires de ces cinq ou six dernières années. Les aveux, les récriminations de plusieurs anciens ministres, les discours de M. Guizot surtout, un des chefs de la coalition, prouvent assez que la conduite du gouvernement dans la plupart de ces questions a été malheureuse, peu habile et peu nationale. Quant à la rentrée de la France dans le concert européen par la convention dérisoire des détroits, bientôt suivie du malencontreux traité de visite, ces actes ne prouvent qu'une chose, à savoir que nos ministres conservateurs se sont estimés trop heureux, humbles parvenus qu'ils sont, de signer n'importe quoi en commun avec des chancelleries d'ancien régime. C'est toujours un acte de reconnaissance de plus de notre royauté nouvelle. Qu'importe que la France achète de pareils actes aux dépens de sa dignité, de sa force continentale et maritime, de son commerce et de son avenir? Être toléré et reconnu, n'est-ce pas quelque chose pour le gouvernement d'une petite nation de trente-quatre millions d'âmes? Oh! que ces gens-là ne sont-ils nés ministres de la principauté de Monaco!

Guichardin, le célèbre historien de l'Italie, écrivait le 7 août 1525, à son ami Machiavel, secrétaire florentin :

« Rien de nouveau qui ait du nerf, et je crois que nous « marchons dans les ténèbres, les mains liées derrière le « dos afin que nous ne puissions pas nous garantir des « coups » (1).

(1) Di nuovo non intendo niente che abbia nervo, e credo che ambu-

Guichardin a prédit la situation diplomatique de la France depuis notre rentrée dans le concert européen.

Intérieur.

Si au dehors nous n'avons recueilli, sous les auspices des conservateurs, que défaites et que hontes, ces misères ont-elles du moins été compensées au dedans par le bien-être, le calme, la liberté, la prospérité de l'agriculture, de l'industrie, du commerce, des finances, tous ces bienfaits de la paix qu'on nous avait promis, « si la France était sage? » Hélas! des faits accusateurs se dressent de toutes parts, des chiffres inexorables se pressent en longues colonnes pour démontrer que le système n'a pas été moins désastreux à l'intérieur qu'au dehors, et que l'humiliation n'a eu d'autre compensation que la ruine.

Le temps nous manque pour pénétrer dans ce chaos de contradictions, d'arbitraire, de déceptions et d'iniquités, d'anarchie, de luttes et de souffrances. Il nous faut être bref, incomplet, et ne toucher qu'à la surface des choses, pour ne pas écrire des volumes au lieu de ces quelques pages improvisées.

La subsistance du peuple est la première de toutes les questions politiques ou administratives : *Primò vivere, deindè politicari*. Qu'ont donc fait tant de ministères conservateurs, nous ne disons pas pour le bien-être, mais pour le strict nécessaire du peuple? La Restauration, voulant reconstruire les grandes fortunes territoriales, avait élevé à un chiffre énorme, 55 fr. par tête, le droit sur l'introduction du bétail étranger en France. Au mépris de milliers de pétitions et des avertissements de l'émeute, les ministres de la royauté des barricades ont maintenu ce droit. Étrange contradiction des choses humaines! en

liamo tutti *in tenebris*, ma con le mani legate di dietro per non potere schiffare le percosse. (*Lettere familiari.*)

1789 la consommation de la viande, par an et par personne, était pour Paris de 69 kilogrammes. En 1841, après tant de révolutions faites au nom du peuple, elle n'était plus que de 27 kilogrammes. Jugez par là du reste du royaume. Durant la même période, le prix de tous les objets de consommation a doublé, et les salaires ont baissé proportionnellement. Qu'en pensent les partisans du progrès continu? Ils répondent que la pomme de terre ou d'autres aliments ont remplacé la viande. Belle compensation, à en juger par l'abaissement légal de la taille de nos conscrits! Les partisans de ce régime pythagoricien auraient-ils comploté la dégénération physique de la nation en même temps que sa dégradation morale? Veulent-ils faire en tous points de la France le royaume des *infiniment petits?* Chose incroyable chez un peuple menacé par tant de gouvernements essentiellement militaires : aucun de nos hommes d'État n'a paru réfléchir sérieusement aux conséquences d'une pareille diète sur une série de générations. « La France est un soldat, » a dit Chateaubriand; accordez-lui du moins la pitance du soldat, si vous ne voulez pas qu'elle soit réduite à la stature et à la force d'un adolescent quand il s'agira d'aborder un vaisseau anglais ou d'enfoncer un carré russe.

La proportion entre le nombre des citoyens et les moyens de subsistance était une des premières sollicitudes des législateurs de l'antiquité. Chez les modernes, et chez nous en particulier, ces choses sont généralement livrées au hasard, ou bien aux aveugles appétits du fisc. Une longue paix, le morcellement excessif de la propriété foncière, les promesses souvent menteuses de l'industrie, et d'autres causes, ont concouru et concourront encore à l'accroissement de la population. Quoique les causes réelles et bienfaisantes de cet accroissement cessent d'agir, l'impulsion une fois reçue ne s'arrête pas toujours. Y a-t-il rien au monde de plus prolifique que la misère de l'Irlande et des districts manufacturiers de l'Angleterre? La nudité, la faim, l'épidémie périodique et des émigrations annuelles par centaines de mille âmes, rien n'y fait. Les peuples s'accoutument à ne vivre qu'à demi : c'est même là-dessus que se fondent les calculs et la prospérité de certains barons de l'industrie. La base de l'alimentation humaine, dans les bons pays de l'Europe, était autrefois le pain et la viande, « la force de l'homme, » dit l'Écriture : le progrès continu des lumières, du matérialisme industriel et de la culture à la bêche, tend partout à y substituer la pomme de terre. Le régime des trappistes deviendra insensiblement celui du peuple le plus brave, le plus gai et le plus ingénieux de la terre ; et si toutes ces qualités y résistent, le précieux tubercule aura mérité des autels. — « Quel dommage qu'il faille absolument des soldats ! disait un dandy de Bond-Street. Le peuple serait si avantageusement remplacé par les machines ! » — Ne dirait-on pas que notre système général d'administration et l'intérêt des éleveurs, et le fisc, et l'octroi, conspirent chez nous à la réalisation de ce vœu *fashionable ?*

Non-seulement la masse des impôts est énorme, mais leur assiette, aussi absurde qu'inique, en aggrave encore le fardeau. Les objets de consommation les plus indispensables et les plus vulgaires, le sel, le feu, l'air, les rayons du soleil, ces éléments de la vie, le travail même, cette première loi de la société, sont taxés comme des articles de luxe. A défaut de gloire, on nous avait promis, en 1830, les douceurs d'un gouvernement à bon marché : eh bien ! depuis 1830 l'impôt des patentes s'est accru d'environ un tiers; les contributions foncières, personnelles et mobilières, ont subi une augmentation analogue ; la taxe des portes et fenêtres est doublée, et les centimes additionnels, suivant la remarque d'un mordant et célèbre publiciste (1), s'apprêtent à passer à l'état de francs. L'impôt direct, depuis la même époque, s'est élevé de 330,728,000 fr. à 402 millions. Les impôts et revenus indirects, qui étaient en 1830 de 582,070,000 fr., sont portés au budget de 1843 pour

(1) M. de Cormenin, *Avis aux contribuables.*

707,518,000 fr. Avec cet excédant de revenu, le déficit et la dette publique n'ont fait que s'accroître depuis douze ans, en temps de paix avec l'Europe entière. Que serait-ce donc en cas de guerre, en cas de panique seulement chez les 300,000 déposants à la caisse d'épargne? Et comment l'État parerait-il à toute grande difficulté imprévue avec des finances engagées pendant de longues années pour des dépenses extraordinaires qui montent à près de 850 millions?

Le gouvernement représentatif faussé est le plus corrompu et le plus ruineux de tous les gouvernements. Pour le pouvoir tout se réduit à une question, avoir une *bonne* majorité. Une majorité de cette espèce rapporte cinq ou six fois le centuple de ce qu'elle coûte; et ce qu'elle coûte, ce sont les contribuables qui le paient. En Angleterre, les frais de corruption électorale sont à la charge des candidats; en France, où tout se centralise, ils reviennent logiquement à la charge du budget, c'est-à-dire du pays. Le pays défraie ainsi la corruption du parlement, celle du corps électoral et la sienne propre, en même temps que sa ruine. Aucun gouvernement parlementaire, l'expérience l'a prouvé, ne sait s'arrêter sur la fatale pente de ces accroissements de dépenses et de gaspillages *librement* votés. Ce qui est impossible, en ce genre, aux monarques les plus absolus, n'est qu'un jeu pour un roi constitutionnel qui entend son métier. Le vote *libre* d'une taxe ou d'un emprunt, par les députés du peuple qu'a désignés la cour, assure l'encaissement de cette finance bien mieux que ne le pourraient faire tous les ukases et tous les corps d'armée. L'empire se contentait d'un budget de 5 ou 600 millions, avec 50 millions de sujets et des guerres perpétuelles, avec 900,000 hommes constamment sous les armes, avec 100,000 matelots ou soldats d'équipages maritimes, avec 100 vaisseaux de ligne, autant de frégates, à l'entretien ou en construction; après avoir dépensé plus d'un milliard en travaux publics, l'empire n'avait légué à ses successeurs qu'une dette publique de 64 millions de rentes. La

Restauration, en quinze années de paix, trouva le moyen, grâce à ses chambres, de porter cette dette à la somme énorme de 325,682,746 fr. Et pourtant, dans tout ce laps de temps, les recettes présumées dans le budget excédèrent toujours de beaucoup les dépenses. L'examen des comptes des exercices passés prouvait que les dépenses réelles avaient constamment surpassé les recettes présumées. L'ancien régime a succombé devant un mesquin déficit de 55 millions. Depuis que les dépenses du gouvernement subissent le contrôle de nos tribuns austères, c'est par milliards qu'on parle. Le capital de notre dette publique (sept milliards!) s'est élevé, de vote en vote, au tiers de la monstrueuse dette de l'Angleterre. Le présent crie et s'affaisse sous le fardeau, l'avenir est garrotté, et la banqueroute se montre comme terme de ce fatal progrès. Tout le monde peut insulter la France : son épée est condamnée à dormir dix ans dans le fourreau.

Tout bien considéré, pour les amants de *la paix à tout prix*, de *la paix partout et toujours*, est-ce une fâcheuse nouvelle? Cette paix sans dignité et sans bonheur, ils ne voulaient pas la rompre ; désormais ils ne le pourront plus. Et d'ailleurs le système ne s'est-il pas attaché à rendre toute concorde, tout élan national impossible, même en face de l'étranger? A quoi peuvent aboutir toutes ces déclamations, cette préoccupation absorbante de l'intérieur, ces lois de colère et de vengeance, ce terrorisme déguisé sous l'euphémisme de l'intimidation, ces mesures malhabiles et violentes qui soulèvent les populations et les mettent aux prises avec les magistrats et l'armée? Ces grands ministres ont prétendu que le pouvoir doit être impopulaire : la théorie leur est on ne peut mieux appliquée. Quoi qu'ils disent ou qu'ils fassent, le pays leur rend méfiance pour méfiance, et de plus aversion et mépris. La garde nationale parisienne l'a bien montré dans une de ces occasions solennelles où éclatent les sentiments des peuples, aux funérailles de l'empereur : que le ministre de l'étranger et les électeurs s'en souviennent!

En effet, le système se montrerait bien exigeant s'il demandait la popularité. Après tout ce qu'on sait de ses grandeurs diplomatiques et de la considération qu'il nous procure au dehors, veut-on le résumé de ses bienfaits à l'intérieur?

Une loi d'élection qui institue une caste de privilégiés, loi féodale, matérialiste et corruptrice, qui préfère l'argent ou la glèbe à l'homme, et substitue à la France de la Constituante et de l'empire une fédération anarchique de clochers.

La presse, dépouillée de ses garanties constitutionnelles et judiciaires, livrée à l'arbitraire d'une haute cour spéciale ou à des commissaires choisis par le pouvoir sous le titre de *jurés probes et libres.*

La production française partout sacrifiée aux exigences britanniques, partout privée de direction, de protection et de débouchés.

L'état de guerre entre l'agriculture, l'industrie et le commerce, aussi bien qu'entre les opinions.

La guerre civile à propos de portes et fenêtres.

D'énormes primes levées sur la nourriture du peuple au profit des grandes exploitations rurales, et notre armée manquant de chevaux comme elle manque de réserve.

L'Algérie encore dépourvue d'un port militaire, et perpétuellement ravagée, au prix d'un demi-milliard et de cent mille soldats.

Une marine marchande en déclin, et les sucriers coloniaux ruinés en même temps que les sucriers indigènes.

Après dix ans d'études, une loi sur les chemins de fer tracée au point de vue électoral seulement, et reconnue inexécutable.

En somme, une condition hygiénique, morale, économique, administrative, financière aussi mauvaise que la situation extérieure est humiliante et précaire.

Un organe modéré du gouvernement, la *Revue des Deux Mondes*, contenait dernièrement, sur quelques-unes de ces questions, le naïf aveu qu'on va lire :

« Nos relations commerciales avec l'Espagne sont dans « un état déplorable. La Belgique, la Suisse, l'Allemagne, « la Sardaigne, l'Amérique du Sud, pourraient offrir à nos « négociateurs un vaste champ à parcourir. Il ne serait « nullement impossible de concilier les intérêts de ces pays « avec un plus grand développement des intérêts français. « Que ferons-nous ? que fait le ministère ? Hélas ! que « peut-il faire ? *Il lui faudrait, pour négocier activement, « et ne pas tomber, le consentement de quarante ou cinquante « producteurs*, NOS MAITRES A TOUS, *et ce consentement,* IL « NE L'AURA JAMAIS. »

Ce *jamais* n'est pas moins mémorable que celui de M. de Serre ou de M. Molé. L'ancienne aristocratie se montra plus généreuse en abdiquant ses titres et priviléges dans la mémorable nuit du 4 août. Mais que penser d'un ministère qui, uniquement *pour ne pas tomber*, se rend solidaire des passions cupides d'une si mesquine oligarchie, et lui sacrifie, avec l'honneur, la fortune et le pain de la France?

Il demeure évident que, pour cette oligarchie sans entrailles, les questions nationales ne sont que des questions d'argent, et que, pour le ministère, il n'y a que des questions de portefeuille. Que les électeurs se tiennent donc pour avertis : tant de révolutions, de dévouements, de grandeurs et de gloire, n'ont abouti qu'à la domination de quarante ou cinquante producteurs, *nos maîtres à tous*, et ces nouveaux maîtres n'abdiqueront *jamais !*

LES PARTIS.

Le parti conservateur.

On peut dire que tout le monde est conservateur en France, car tous les saint-simoniens ont des places, et quelques théoriciens humanitaires, communistes, ou phalanstériens, rêveurs cosmopolites dont les découvertes datent de loin, n'offrent rien de particulièrement dangereux pour notre époque. La révolution territoriale est accomplie chez nous. Dans un pays où la propriété repose sur onze millions de cotes de contribuables, la loi agraire, entendue dans le sens de nos trembleurs modernes, n'est qu'un rêve évidemment irréalisable. D'où vient donc que certains hommes, ministres, députés, industriels, journalistes, employés surtout, se disent conservateurs par excellence? Conservateurs de quoi? De leurs maisons, de leurs champs, de leurs usines, de leurs emplois? A ce titre tout citoyen français, qu'ils le tiennent pour certain, est aussi bon conservateur que le ministère; car nulle part il n'existe plus de propriétaires, de cultivateurs, de travailleurs de toute sorte et d'employés, qu'en France; aucun pays, sous ce rapport, ne possède autant de garanties de sécurité que le nôtre. Il faut donc que ces gens-là aient autre chose à conserver que nous, masse énorme de pères de famille, de propriétaires, de rentiers, de travailleurs et de contribuables, qui constituons la grande famille française; et cette autre chose, que peut-elle être, sinon le pouvoir?

Le pouvoir, c'est en effet l'idole à laquelle nos austères conservateurs sacrifient chaque jour engagements d'honneur, conscience, vérité, justice et patrie. C'est pour arriver au pouvoir qu'ils ont renié leur passé, calomnié le peuple, égaré une portion de la classe moyenne; c'est pour ressaisir le pouvoir, qu'on les a vus, fougueux tribuns, attaquer avec un emportement hypocrite ce système *d'abaissement continu* auquel ils allaient imprimer le dernier sceau d'ignominie; c'est pour se maintenir au pouvoir et dans l'intérêt de leur paix à tout prix, qu'ils ont ressuscité le code répressif du comité de salut public, présenté les lois de disjonction, de non-révélation, de déportation, désarmé le pays, supprimé les gardes nationales des campagnes et des villes, fomenté avec un art détestable les mauvaises ou sottes passions de notre époque: la peur, le scepticisme, le goût des jouissances matérielles et du luxe, la fièvre des spéculations frauduleuses; tous les vices des Etats qui déclinent et qui attendent un acheteur ou un conquérant.

Les malheureux! n'ont-ils pas essayé d'empoisonner l'esprit de la jeunesse elle-même, réserve de la patrie, âge sacré, dont les illusions généreuses ressemblent à des vertus? Il ne leur suffisait pas d'avoir gâté le présent, il fallait que, de leur venin de sophistes et de transfuges, ils tentassent d'infecter l'avenir. La république élevait ses enfants aux chants de la liberté grecque et de la fraternité chrétienne. Dans ses lycées l'empire nous enseignait les mathématiques, le pas de charge et la conquête du monde. La restauration nous inculquait le respect des ancêtres et le culte superstitieux d'un irrévocable passé. Dieu qui protéges la France, pour quel avenir la doctrine des intérêts matériels forme-t-elle l'âme de nos enfants?

Il faut bien supposer, pour l'honneur du caractère français, que le plus grand nombre de ceux qui se disent conservateurs ne se doutent pas où on les mène. Le plan des généraux est ignoré de la multitude des combattants. « L'intrépide Romain sacrifiait à la peur » ; ainsi font nos honnêtes et pacifiques bourgeois. Les difficultés du commerce, des prédications insensées, les émeutes, les prises d'armes ont jeté le trouble dans les esprits ; la balance qui inclinait vers la liberté et la gloire s'est rejetée brusquement vers l'idée du pouvoir et de la sécurité. Ces circonstances et l'astuce doctrinaire aidant, la faction rétrograde a pu reconquérir une partie du terrain perdu par la Restauration elle-même ; elle a pu réunir et faire marcher sous la même bannière des intérêts de cour et des passions bourgeoises. Mais que ces conservateurs loyaux et indépendants y prennent garde : leur position, leur intérêt bien compris ne leur prescrivent nullement de s'enrôler, sous le guidon de quelques intrigants ou monopoleurs, au service d'une nouvelle faction ultrà-monarchiste. Un parti composé d'hommes nouveaux, sans clientèle compacte, sans popularité, un parti recruté à la hâte par la peur, l'intrigue, la vanité, la corruption, dans les nuances mobiles de toutes les opinions, un tel parti n'a pas assez de racines, d'ampleur et d'illustration, pour se heurter de front contre les révolutions de 89 et de 1830. Il doit prévoir que, en cas de coups d'état manqués, il n'y aurait pour lui ni Coblentz ni Vendée, et qu'il ne resterait de son éphémère suprématie d'autres monuments qu'un grand renouvellement du personnel administratif et une immense risée.

Si ce parti est sage et veut sa propre conservation, il ne doit pas même aspirer à une supériorité trop éclatante ; car toute élévation a ses dangers. Il en est de particuliers pour ceux qui arrivent au pouvoir sans l'éducation, le tempérament ou la tradition politique. A ces hommes d'état improvisés, la tête est sujette au vertige. Qui peut dire jusqu'où s'emporterait le zèle des Polignac de la branche cadette, s'ils se sentaient une fois appuyés et poussés par une forte majorité ? Au dedans comme au dehors, ces messieurs ont donné la mesure de leur capacité : on n'a pas celle de leur audace en fait de réaction. On sait par la fameuse affaire des lettres, par leur ingénieux procédé de recensement et quelques autres exemples, comment ils entendent l'art de populariser une dynastie naissante. On ne sait pas encore jusqu'où ils pousseraient l'emploi de ces moyens de popularité, si le vent de la fortune enflait toutes leurs voiles. Un conservateur qui n'aspire qu'à bien régler ses fins de mois, doit frémir en songeant aux développements démesurés que M. Guizot ou M. Martin (du Nord) paraissent vouloir donner aux prérogatives de la couronne. Les exemples si divers de Napoléon, de Louis XVIII et de Charles X ne sont pas favorables à ces grandes extensions de la prérogative. Que ferait de la dictature une royauté en bas âge qui n'aurait pour elle ni la magie de la gloire, ni la trace lumineuse que laissent, en se couchant, les siècles ? Un ministère plus ou moins opaque et la double épaisseur de nos chambres suffisent à peine, ce semble, à *couvrir* l'action de la royauté. Que serait-ce donc quand cette royauté apparaîtrait tout à coup nue comme la vérité, en face de la France et du monde ? Logiquement et nécessairement responsable, comme toutes les monarchies antérieures qui ont ambitionné l'omnipotence, il lui faudrait alors couvrir ses chambres consultatives, ses ministres, au lieu d'être couverte par eux. Un changement de cabinet ou de majorité ne signifierait plus rien sans un changement dans la personne du prince, lequel entraînerait presque infailliblement un changement de dynastie. Il n'y aurait plus ombre de constitution en France. A la place de Charte, il y aurait le despotisme turc ou russe, moins l'habitude, les croyances et les mœurs ; le despotisme oriental tempéré par la démocratie de nos codes, de nos idées, de nos usages, et par les intérêts vivants de nos révolutions.

On voit à quels abîmes d'absurdité et de démence conduisent les doctrines de la nouvelle école ultrà-monarchiste. Aux conservateurs véritables, aux constitutionnels sincères et sensés, il appartient de considérer s'ils doivent se laisser entraîner sur cette pente funeste, et de se demander, en cas d'affirmative, pourquoi ils ont détrôné ou laissé détrôner trois générations héritières « de huit siècles de rois. »

Pour ce qui concerne l'intérêt de parti, toute classe qui s'isole devient une caste ; et notre civilisation, qui admet les classes, aurait plus d'aversion pour un gouvernement de caste que pour un gouvernement de coterie.

Pour ce qui regarde l'intérêt dynastique, tout pouvoir qui s'isole et se personnifie se déclare responsable et devient viager. Cromwell et Napoléon ont voulu gouverner seuls : quels héritiers ont-ils laissés ?

L'Opposition de gauche.

Les mécomptes de la révolution de juillet sont venus principalement de la scission qui, dès l'origine, s'introduisit dans les rangs des patriotes eux-mêmes. Composée d'élements fort hétérogènes, la masse victorieuse avait commencé par se partager en deux camps : c'est le lendemain de toutes les révolutions. D'un côté, le parti du mouvement, de l'autre celui de la résistance ; le premier considérant la victoire des trois jours comme un point de départ; le second y trouvant le terme inespéré de son ambition, la réalisation surabondante de ses espérances. Mais le parti du mouvement se fractionna bientôt lui-même en cinq ou six opinions, subdivisées à leur tour en presque autant de nuances que la tribune et la presse comptèrent de talents ou de prétentions. On vit donc se former :

Le centre gauche ou tiers-parti, rapproché des conservateurs par le goût du pouvoir et la crainte du désordre, des libéraux constitutionnels par la peur d'une réaction trop vive et quelques vues de progrès.

La gauche proprement dite, fidèle sur beaucoup de points au programme des libéraux sous la Restauration; phalange nombreuse, animée d'un patriotisme sincère et persévérant, loyale et modérée dans ses idées de réforme, justement influente sur une importante portion du corps électoral.

L'extrême gauche, divisée en plusieurs sections : l'une censurant avec une juste amertume les tendances et les actes du pouvoir nouveau, mais n'attaquant pas le principe de ce pouvoir; l'autre sapant l'établissement du 7 août dans sa base, et s'associant de vœux et d'action aux luttes des partis extra-parlementaires.

A deux de ces partis, aussi bien qu'au parti légitimiste dont nous parlerons bientôt, la législation draconienne de septembre s'est efforcée d'ôter jusqu'à leur nom. Deux épouvantails supprimés, les mots de république et d'empire, n'altèrent ni la nature des choses ni celle des souvenirs. Les partis changent aisément de noms. Il leur est moins facile de se dépouiller de leur caractère, et d'éviter les dissensions, l'intolérance et les témérités qui nuisent à toutes les causes.

L'histoire intérieure des douze années n'est guère que celle des luttes de ces partis entre eux et contre le parti du ministère et de la cour. Or, toute histoire a sa moralité, sous peine d'être stérile. Tâchons donc de tirer du tableau attristant de nos discordes intestines quelque enseignement utile, afin de ne pas recommencer éternellement, nouveaux Sisyphes, le labeur de ces pesantes années.

La question à résoudre était celle-ci : 1° Donner à la révolution de 1830 toutes ses conséquences légitimes à l'intérieur et au dehors; 2° puisque des intérêts de classe ou un système de cour faisaient obstacle au développement de ces conséquences, réunir ses efforts pour faire triompher l'intérêt et la volonté du pays.

Il nous semble que toutes les opinions sincèrement patriotiques pouvaient accepter le problème ainsi posé. Restait donc à s'entendre sur les moyens : c'est ici, nous le reconnaissons, que les difficultés commencent.

Après une révolution qui a froissé tant de cœurs et d'intérêts, excité tant d'imaginations, de passions et d'espérances, entre divers partis dont les uns se prononcent pour le maintien d'une constitution revue et corrigée, dont les autres en désirent une toute neuve, on comprend qu'il ne soit pas facile de rencontrer d'abord un terrain neutre où ils consentent à s'aborder sans se battre. Les partis sont exclusifs de leur nature, dans leur jeunesse surtout : ils se présentent alors avec le caractère irréfléchi et emporté du premier âge, courant droit à leur but, sans plus s'inquiéter des obstacles que des conséquences. C'est là surtout le caractère des partis français : tout ou rien semble être leur devise. Dès l'origine ce sont moins les occasions de rapprochement qui ont manqué que les dispositions ; ce sont moins les événements que les hommes. Et pourtant, en dépit de ces fâcheuses tendances à l'absolutisme des idées et à la séquestration des personnes, on a vu, dans plusieurs circonstances diversement notables, que l'accord n'était pas impossible. La double expédition de la Belgique, l'abolition de l'hérédité de la pairie, la question des dotations princières, la question orientale, celle des armements et du droit de visite, ont provoqué dans tous les rangs de la société et de l'opinion, des manifestations qu'on peut dire nationales. Quarante conservateurs ont voté avec les voisins de M. de Cormenin le rejet d'une loi d'apanage.

Nous savons bien tout ce qu'on peut dire des calculs intéressés ou ambitieux qui ont grossi tel ou tel vote; mais il en fut et en sera toujours ainsi. Au parlement comme au conclave, le particulier se mêlera toujours à l'homme public; l'essentiel est que ce dernier ne disparaisse pas tout à fait, comme il arrive trop fréquemment dans nos transactions parlementaires. Eh bien! ce que, dans ces rencontres diverses, les partis opposants ont fait, quelquefois avec le concours du parti conservateur lui-même, pourquoi ne le feraient-ils pas, d'une manière permanente, en faveur d'un SYSTÈME NATIONAL DE CONCESSIONS AU-DEDANS, DE RÉSISTANCE AU DEHORS, d'un système diamétralement contraire à celui qui a si malheureusement prévalu depuis 1830?

Au fond, sur quoi des fractions importantes de l'Opposition sont-elles divisées? sur des questions de formes ou de personnes. Or, les formes ou les personnes ont une importance bornée quand il s'agit de lutter contre la force des choses. Ni les constitutions diverses de la république, ni le génie de l'empereur, ni le droit divin de la Restauration, n'ont empêché leur chute. Chacun de ces régimes a semblé pourtant avoir une foi assez robuste en soi-même; ils croyaient s'installer pour l'éternité. Il en fut de même, il y a deux siècles, des Puritains et des Indépendants d'outre-Manche; ce qui n'a pas empêché le génie à la fois libre et aristocratique de la race saxo-normande de reprendre le dessus et de se discipliner sous la constitution qui subsiste depuis 1688. Où sont les deux cent cinquante constitutions grecques ou barbares recueillies, dit-on, par Aristote? Les constitutions de toutes les républiques italiennes, flamandes, françaises, tudesques ou russes du moyen-âge, où sont-elles? Toutes ont péri, déchirées par les discordes intestines ou écrasées par la conquête. Le texte même de la plupart de ces constitutions est devenu la pâture des vers. Quel peuple donc, et à plus forte raison quel parti, quel individu a le droit de présenter comme infaillible sa recette politique?

Depuis un demi-siècle la France, et à son exemple, plusieurs nations de l'Europe et du Nouveau-Monde accomplissent sur elles-mêmes une série d'expériences qui n'est pas terminée. « Le monde est livré à leurs disputes; » et la conclusion la plus claire qu'on en puisse tirer, c'est la tendance de la partie civilisée du globe à adopter le gouvernement représentatif, susceptible de formes très-variées. Quelle école politique imposera définitivement sa forme à chaque contrée? C'est un vaste problème; et, d'ailleurs, qu'y a-t-il ici-bas de définitif?

Dans l'état relatif de la France et des autres puissances européennes, ce qu'il importe surtout de rechercher, c'est en quoi les partis peuvent s'entendre, non en quoi ils diffèrent; ce qu'il importe de constater, c'est l'intérêt permanent, historique du pays, et en outre, ce qu'il y a d'immédiatement réalisable. Quand une maison menace ruine, quand l'inondation, l'incendie ou une troupe de bandits l'envahissent, le moment est-il bien choisi pour disputer sur l'épaisseur d'une cloison, sur la forme, l'emplacement ou le nom de quelques meubles? Dans un vaisseau battu par la tempête ou entouré d'une flotte ennemie, les querelles privées cessent, les ressentiments se taisent ou s'ajournent; le péril est commun, on court au plus pressé, on obéit au plus capable. Cet instinct du bon sens, si commun chez de simples matelots, aurait-il été refusé à nos têtes politiques? Des préventions, des méfiances, des rancunes égoïstes rendront-elles les partis éternellement sourds à la voix de la patrie qui leur crie de s'unir pour la défendre ou la venger?

Si les partis qui nous divisent en étaient descendus là, l'étranger en pourrait conclure qu'ils ont perdu le sens national; il pourrait se flatter de trouver au besoin, dans ces partis réduits à l'état de factions ou de sectes, des auxiliaires et des instruments de ses machinations contre la France.

Supposons qu'une telle considération ne soit pas décisive, à défaut de cœurs qui sentent, les têtes qui calculent n'ont-elles pas dû mainte fois faire un raisonnement de la nature de celui-ci :

« 1° Voilà douze ans que nous combattons sous une demi-douzaine de bannières opposées. C'est une effroyable mêlée où chacun donne et reçoit des coups sans profit pour sa cause. On dirait des quinze-vingts s'escrimant pêle-mêle sur un théâtre dont le pouvoir occupe les loges avec sa troupe dorée. Pendant que nous nous livrons à cet agréable passe-temps, quelques centaines d'égoïstes, de charlatans exploitent la France, et nous ruinent en se moquant de nous. Evidemment la situation n'est pas tenable. Il doit y avoir quelque chose à faire.

« 2° Toutes les fois qu'une de nos cinq ou six minorités a essayé de tenir seule la campagne, elle a vu à l'instant toutes les autres se réunir pour l'accabler. Les unes après les autres l'ont éprouvé à leurs dépens. Pour toutes il y a donc autre chose à faire.

« 3° Chaque fois au contraire que ces minorités se sont unies pour faire passer ou rejeter une mesure qui préoccupait vivement le pays, ces minorités ont ébranlé le ministère ; plusieurs fois elles l'ont même renversé. Il y a plus : le centre gauche a tâté plusieurs fois du pouvoir. Il l'a dû à ses relations de voisinage ; et c'est pitié que plusieurs de ses chefs n'aient guère tenu mieux que M. Guizot leurs engagements de coalisés. On tâchera une autre fois de mieux serrer la bride. En attendant la gauche aussi, grâce au mouvement général d'ascension, s'est rapprochée de la sphère où les ministres sont possibles. M. Teste a dit vrai : « Il y a quelque chose à faire ; et ce quelque chose, c'est d'organiser l'opposition en vue de l'occupation permanente du pouvoir. »

Eh bien ! ce raisonnement a été fait ; et voici la preuve qu'il commence à porter ses fruits. Pour base commune de leur programme, les diverses sections de la gauche s'accordent à présenter :

1° La réforme électorale, demandée à différents degrés, il est vrai, par tous leurs organes, mais qui ne passerait à aucun degré, si chacune de ces sections s'obstinait à n'appuyer que la combinaison qu'elle préfère.

2° La révision des lois de septembre. Cinq membres du présent cabinet ont pris, il y a trois ans, l'engagement formel de demander, outre la réforme parlementaire, cette révision reconnue indispensable par tous les bons esprits de la Chambre.

3° La réduction du budget. Aucun homme politique, ayant des vues d'avenir, ne peut désirer le maintien d'un budget ordinaire de 1318 millions, flanqué d'un milliard de déficit ou de dette flottante. Un pareil fardeau, tout le monde l'a reconnu, épuise le présent et paralyse l'avenir.

4° La non-ratification du traité du 12 décembre concernant le droit de visite, et l'abrogation des traités de 1831 et 1833, qui ont donné naissance à ce droit, fléau de notre commerce et de notre indépendance maritime

Ce programme, adopté par les diverses sections de la gauche, paraît l'avoir été aussi par l'opposition de droite.

Le Parti légitimiste.

Ce parti, qui est celui des anciens souvenirs, est aussi celui des longues espérances. Il paraît avoir pris pour devise ce vers de l'Enéide :

Durate, et rebus vosmet servate secundis.

En effet, le parti légitimiste est riche ; il peut attendre ; il peut se dispenser de se jeter dans le tourbillon des spéculations d'industrie et de bourse, où les hommes les plus considérables laissent presque toujours quelque chose de leur dignité. Fort de ses vastes domaines, conservés dans plusieurs provinces aux aînés des familles, par des traditions domestiques plus puissantes que nos lois, fort de ses alliances, de ses économies habiles, de son esprit religieux et charitable, de l'appui du clergé, ce parti semble braver l'action du temps, comme ses manoirs, partout relevés ou rajeunis. La hache de 93 a fait tomber ses tiges les plus superbes, mais elle n'a pu extirper ses racines qui plongeaient dans les entrailles du sol. Au pied de ses châteaux les fortunes industrielles s'engloutissent dans le gouffre des faillites, ou bien se brisent et se dispersent sur l'injonction du Code civil; la moyenne, ou petite propriété, se morcelle, se subdivise, se réduit en atômes. Les domaines légitimistes, pour emprunter une expression à la langue pittoresque de Napoléon, apparaissent comme des blocs de granit dans une plaine de sables. A l'esprit sceptique et révolutionnaire des villes, ce parti, vieux champion de l'intérêt provincial, peut, dans certaines régions de la France, opposer l'esprit simple et docile des campagnes. Il est riche, il est vieux, il a de plus l'avantage de s'appuyer sur un principe hiérarchique d'autorité. La sagesse lui serait donc plus facile qu'à d'autres; et pourtant, comme tous les partis nés de notre poussière démocratique, il a commis la faute de se diviser.

Théoriquement, les légitimistes sont partagés entre plusieurs écoles; pratiquement, de même que dans les rangs les plus démocratiques de la révolution, figurent des gentilshommes de vieille souche, on rencontre, à la tête des conseils de l'antique aristocratie, bon nombre d'hommes nouveaux. Tous les royalistes ne possèdent pas des châteaux à ponts-levis et à tourelles. Il y a eu, dans ces derniers temps, quelques indices de lassitude; on a parlé de capitulations de conscience, et lâché le terrible mot de défection. C'est au parti légitimiste de considérer s'il lui convient de se laisser ainsi entamer en détail, et de s'égrainer, pour ainsi dire, au vent de la corruption. Dans mainte occasion, ce parti a montré qu'il sait s'associer aux gloires et aux douleurs de notre France moderne. Un de ses écrivains les plus pénétrants, un homme doué d'un tact très-sûr, le comte de Montlosier, lui disait en 1818: « Des « éléments de démocratie sont absolument nécessaires dans

« un gouvernement représentatif » (1). La Restauration s'est perdue pour avoir méconnu cette nécessité. Aujourd'hui les légitimistes intelligents paraissent la comprendre. Leur parti se déshonorerait, ils le sentent bien, il ferait la fin la plus honteuse et la plus misérable, en capitulant, pour quelques emplois d'administration ou de cour, en échangeant ses convictions et ses griefs contre les hochets de la vanité. Il ne peut que s'honorer et que se rajeunir, au contraire, en s'associant aux luttes de la liberté et de la nationalité française contre le système et les ministres de l'étranger.

L'étranger ! on a longtemps reproché aux amis des Bourbons de s'être réjouis de ses victoires, et de compter sur ses secours pour une troisième restauration. L'occasion est belle de démentir ces accusations. Les tories anglais ont montré dans toutes les conjonctures qu'ils n'étaient pas des zélateurs moins ardents que les whigs de la puissance et de la renommée de la Grande-Bretagne ; ils ont prouvé, de plus, qu'ils comprenaient aussi l'esprit et les nécessités du temps. Il faut savoir réunir ces qualités pour devenir un parti influent, et figurer encore, après tant de défaites, parmi les forces vives d'un grand pays. A cet égard, l'élite de l'opinion légitimiste, nous nous plaisons à le répéter, a déjà fait ses preuves. Elle offre deux guides sûrs à la masse irrésolue du parti : Chateaubriand a pleuré sur la tombe d'Armand Carrel ; il est l'ami de Béranger, le chantre du drapeau tricolore ; Berryer, à la tribune, n'a renié aucune de ses prédilections, et la France n'a pas d'orateur plus grand et plus national que Berryer.

Ainsi font les esprits supérieurs. Dédaigneux des misères de l'esprit de parti, ils aiment toutes les gloires ; au milieu du tumulte des événements et des passions, ils savent distinguer, des intérêts et des gouvernements qui passent, l'intérêt et l'honneur du pays.

(1) *Monarchie française depuis la seconde Restauration.*

Conclusion.

La France décline-t-elle irrévocablement, comme des esprits chagrins le prétendent, ou bien ne faut-il voir dans tout ce qui se passe sous nos yeux qu'une maladie temporaire, qu'une de ces crises périodiques heureusement surmontées par le tempérament robuste et le génie réparateur de cette nation? La question est grave et pour la France et pour l'Europe; osons dire pour le reste du monde. Le peuple français, athénien par le caractère et romain par le génie, comme l'a dit un grand peintre, est, depuis la chute du monde antique, celui de tous les peuples qui a exercé la plus grande influence sur le genre humain. C'est lui qui a fondé le catholicisme. Nos rois de la première race ont succédé immédiatement aux chefs de l'empire d'Occident; nos rois de la seconde race ont rétabli le titre et les formes de cet empire; nos rois de la troisième ont fait passer dans la jurisprudence moderne l'esprit et les textes du droit romain. C'est la France qui a sauvé l'Europe du débordement de l'islamisme; c'est elle qui a conduit les peuples aux croisades, qui a constitué en Allemagne la réformation protestante et l'équilibre européen; c'est elle enfin qui, après avoir renouvelé une partie du globe par sa philosophie et ses révolutions, ses victoires et ses codes, se trouvait naguère encore placée, après d'affreux désastres, à la tête de tous les mouvements de l'opinion.

Ce passé est grand, il est digne du plus ancien peuple de l'Europe; mais ce peuple ne court-il pas le risque d'être dépassé par quelque heureux puîné? Jetons un coup d'œil rapide hors de nos frontières « mal fermées ». A l'époque de Louis XIV, la Russie n'avait pas encore d'existence sur la carte de l'Europe; la Prusse ne figurait que comme les autres électorats de l'empire; l'Angleterre ne possédait ni Malte, ni les îles Ioniennes, ni le Cap, ni les Indes; les États-Unis d'Amérique étaient encore à naître. Aujourd'hui ces puissances sont énormes ou le seront bientôt. Lorsque la France avait quelques comptes à régler avec l'Autriche, son ancienne rivale, elle disposait contre elle des Turcs, très-redoutables encore, de la Pologne, de la Suède, de la Sardaigne, de la Hollande et d'une considérable portion de la Confédération germanique. Avec la ligne du Rhin et les électeurs à sa solde, Louis XIV était plus puissant en Allemagne que l'Empereur lui-même. Aujourd'hui il n'y a plus de Pologne, presque plus de Turquie ; la Suède a déclaré, par la bouche de son roi, qu'elle avait tout juste assez de force pour vivre ; la Hollande est à peu près dans le même cas malgré sa richesse, et la Confédération germanique est organisée contre nous. La France avait autrefois le choix des alliances, et l'expérience a démontré qu'il n'y a pas d'alliances méprisables : aujourd'hui, grâce au système conservateur, la France n'a pas un allié; elle paraît avoir renoncé, comme l'Epagne, à toute vie extérieure. Refoulée en deçà de ses anciennes limites, elle s'y débat bloquée par un million et demi de baïonnettes, et les coalitions savent désormais le chemin de sa capitale.

Il y a donc, au point de vue extérieur, affaiblissement réel, déclin trop manifeste. La situation est-elle moins alarmante au dedans? Nous ne recommencerons pas le tableau de nos misères; mais pourquoi le tairions-nous? A d'autres signes encore il faut bien reconnaître que la décadence intérieure répond à celle du dehors, et qu'elle l'aggrave.

On gouverne surtout les hommes par l'imagination, les sentiments et les croyances : à ces mobiles qui ont dirigé les grands peuples, le pouvoir a entrepris de substituer chez nous les calculs personnels, les appétits physiques. Effrayé du mouvement d'expansion qui emportait la France au delà de ses frontières, à la propagande des idées généreuses, le pouvoir a opposé la propagande des intérêts matériels. Spectacle étrange! On a vu un gouvernement caresser les passions qui dissolvent les États, prêcher l'égoïsme, l'indifférence, l'avarice et la peur. De la matière ils ont fait l'âme de leur société; et le saint-simonisme, retrouvant son symbole, s'est bientôt rallié au système. A présent l'expérience est faite. Les luttes de l'industrie contre l'agriculture, celles des ports de mer et des colonies contre les sucreries indigènes, des pays vignobles contre ceux de houillères et de forges, la longue et tortueuse histoire des chemins de fer, ont montré que les intérêts fraternisent plus difficilement encore que les opinions. « On ne gouverne pas les choses, » a observé Bacon. Ce sont elles, au contraire, qui gouvernent les hommes. Ce n'est pas pour la cause des Bourbons que la ville du 12 mars a menacé un jour de se séparer de la France; c'est pour la cause de ses vins. Un sage gouvernement se garde d'exalter par des promesses irréalisables des intérêts naturellement très-passionnés, et, de plus, trop fréquemment rivaux. La plus vulgaire prudence avertit que promettre à tous l'Eldorado et donner à grand'peine le strict nécessaire, c'est le plus sûr moyen d'irriter les esprits et d'avoir à la fin tout le monde contre soi.

Contenir et balancer les intérêts industriels est une tâche certes assez difficile, sans leur promettre d'impossibles félicités. Leur assurer des satisfactions modérées au dedans, leur ouvrir des débouchés au dehors, sera toujours le chef-d'œuvre des bons gouvernements.

Les débouchés, l'emploi, c'est là surtout ce qui manque à l'activité française. Voyez aussi à quels misérables subterfuges est réduit le pouvoir pour assouvir ou tromper cette soif de lucre et de jouissances qu'il a si imprudemment allumée. La corruption, le mensonge, des artifices indignes d'un pouvoir qui songerait au lendemain, des tergiversations et des atermoiements qui éludent toutes les difficultés sans en résoudre aucune, ce sont là les ressources habituelles du système. Il semble accumuler à plaisir les embarras et les périls sur la tête d'un héritier que cet énorme arriéré accablera peut-être. Ce fut le système de Charles II et de Louis XV : leurs successeurs l'ont expié.

On comprend, on excuse, on peut même louer la profonde et utile astuce de Louis XI à l'égard des grands vassaux et de l'étranger. Cet habile fourbe est un des rois qui ont le plus contribué aux developpements de la France moderne. Sur plusieurs points, Richelieu, Louis XIV et la révolution, n'ont fait que poursuivre ses plans. Mais cette petite rouerie qui ne tend qu'à vivre au jour le jour, qu'à grossir et multiplier les difficultés en reculant devant elles, qu'à perdre la confiance et l'estime des peuples en subornant quelques individus, en quoi a-t-elle servi la France ou seulement la dynastie? A chaque heure, il faut recommencer, et les questions subsistent tout entières.

A cette cause de déconsidération s'est jointe l'instabilité des cabinets, et par suite la médiocrité, l'impuissance. On naît poëte, mais on devient ministre; on le devient surtout par l'expérience, par l'habitude des affaires et de l'administration. Or, quelle expérience, quelle liberté d'esprit, quelle autorité morale peuvent avoir des ministres qui se relaient si fréquemment au timon du pouvoir? A peine installé avec une majorité de quelques voix, un cabinet n'a guère d'occupation que celle de se défendre de l'opposition ou de la cour. Des ministres d'un jour ont ainsi à lutter contre l'expérience et les traditions d'hommes d'État consommés. A Vienne ou à Saint-Pétesbourg, les mêmes ministres dirigent plusieurs règnes; à Londres, les mêmes hommes demeurent toute leur vie les représentants de partis puissants par le nombre, l'organisation et la durée. Chez nous, on est ministre à l'heure. Sous l'influence de tant de causes d'affaissement, il serait miraculeux que la France eût un gouvernement fort, un système de politique nationale, une administration et des alliés.

Un gouvernement en décadence entraîne toujours l'abaissement du peuple qui le tolère, à moins que celui-ci ne se relève par une révolution. Mais les révolutions trop fréquentes, et par conséquent de plus en plus superficielles, sont aussi une puissante cause de démoralisation. Les peuples n'ont pas toujours une vieille aristocratie à vaincre, un grand territoire à se partager. Ils peuvent être réduits à des conjurations de palais, à des séditions prétoriennes, et les révolutions deviennent alors moins productives qu'en d'autres temps de simples changemeuts de cabinet. Les peuples finissent alors par ne plus croire à rien, et plutôt que de s'agiter en pure perte, ils aiment mieux s'endormir à l'ombre du despotisme. Que la France y prenne garde: elle est plus qu'elle ne croit sur la pente qui mène à cette dégradation. Les vices de son gouvernement ne sont, après tout, que ceux de la classe qui l'étaie, et, de proche en proche, les vices d'une classe dominante finissent par atteindre les autres. Le caractère français s'altère déjà, au dire des meilleurs juges. Un mercantilisme effronté envahit et souille tout, politique, éducation, beaux-arts, littérature et relations civiles. La langue et le goût, deux des éléments de notre puissance, vont déclinant avec le caractère national. L'esprit et la grâce désertent les salons, la pudeur les divertissements du peuple; la jeunesse a les goûts, les préoccupations et la tristesse de l'âge mûr. Refoulée sur elle-même par une imprévoyante politique, l'activité française n'avait que deux issues pour tous ses besoins d'émotion, la spéculation industrielle ou la discussion; elle s'y est précipitée d'abord avec une sorte de fureur. De là tant de scandales de bourse, tant de ruines et de suicides d'une part, et de l'autre tant de frénétiques rêveries concernant l'ordre moral et politique. Le scalpel de la discussion a tout fouillé, tout profané. A force de s'élancer à la poursuite de l'idéal ou du nouveau, on est tombé dans le vide ou le monstrueux: véritable maladie intellectuelle, car elle rompt la tradition humaine et détruit le sens pratique des choses.

De là aussi, dans la politique qu'on pourrait nommer usuelle, cet éparpillement des opinions et des volontés, qui aboutit en tout et partout à l'impuissance. On a dit que, en 1814, il y avait deux nations en France, la nation de l'ancien régime et celle de la révolution. Depuis 1830, ce démon de la discorde, que l'Évangile appelle *Légion*, a multiplié ses ravages. Nous avons vu sur le même sol quatre ou cinq nations, diverses de drapeau, de foi et de langage : beau spectacle pour l'Europe conjurée contre notre puissance, et digne occupation du grand peuple de la république et de l'empire ! les Français passent leur vie à se traiter mutuellement de misérables. Une septième coalition les menace ; avant qu'ils s'unissent pour la repousser, il leur faudra vider les querelles de constitution ou de dynasties, et de plus la question des salaires. Qu'une pareille folie dure, et les Français seront, avant la fin du siècle, les *petits Grecs* (1) du grand empire slave qui menace l'Europe de ses bras étendus de la Baltique au Bosphore. Ils pourront rester une race supérieure comme danseurs, cuisiniers et sophistes ; mais ils n'auront plus d'autre champ d'émulation et de gloire. Le génie satirique de Swift semble avoir prophétisé ce bel avenir. Le roi du pays des Géants eut un jour la fantaisie de se faire raconter par Gulliver, son hôte, l'histoire des dissensions civiles de l'Angleterre. Il prit donc la chétive créature dans sa main, et l'approcha de son oreille. Quand l'histoire de la fourmilière fut contée : — « C'est très-bien, dit en souriant Sa Majesté Géante. Et toi, mon petit ami, étais-tu whig ou tory ? » — Ne vous semble-t-il pas entendre un boyard demander à quelque philosophe français de sa suite : Et toi, petit, étais-tu radical ou légitimiste, conservateur ou tiers-parti ?

Les partis pensent-ils que cette aveugle mêlée ait duré assez longtemps, qu'elle ait tué assez d'hommes énergiques, usé ou fourvoyé assez de talents ? Il nous semble dans notre humble bon sens de patriote, que les partis ont fait surabondamment leurs preuves. Ils peuvent traiter ; l'honneur est sauf. Leurs rangs se sont éclaircis, et les trouées faites par la mort, l'exil, la prison ou le découragement, ne se sont pas comblées. Les plus vieilles renommées sont devenues des problèmes. Aucune popularité n'a échappé à

(1) *Græculi*, diminutif moqueur infligé par l'orgueil romain aux descendants dégénérés des Épaminondas et des Thémistocle.

l'ostracisme. Affaiblis et décontenancés, les partis ne se battent plus qu'avec des tronçons d'épées et des débris de systèmes. Sur ces tombeaux et ces ruines, n'est-il pas temps de relever l'autel de la Concorde et d'y offrir en sacrifice expiatoire ces vains restes de préventions et d'animosités ?

L'armée seule, heureusement pour elle et pour la France, a résisté à la contagion des discordes intestines. Constitutionnels, républicains, légitimistes versent fraternellement leur sang sur les plages africaines pour l'honneur du pays. La religion du drapeau a rallié toutes les sectes et leur a imposé silence. Le drapeau de la France sera-t-il moins puissant au sein même de nos villes, que sur les rochers de l'Atlas ?

Gloire donc à notre armée ! Gloire éternelle à ces simples et valeureux conscrits qui, sans s'inquiéter de toutes nos arguties éphémères, ont montré que la génération présente savait encore manier l'épée de Brennus, de Charlemagne et de Napoléon ! Mieux que tous nos savants, dans cet âge d'ergoteries et de petites vanités égoïstes, ils ont compris les dangers de la patrie et leur devoir de citoyens, mieux que tous les partis, ils ont protesté contre le déclin de la France.

Électeurs !

C'est là une grande et noble leçon. Elle vous révèle ce que peuvent le bon sens et le patriotisme guidé par la discipline, par la hiérarchie et le sentiment de l'honneur. Vous connaissez les causes de nos maux et de notre décadence : l'exemple de l'armée vous indique le remède. Nos divisions allaient nous perdre : l'union nous sauvera.

Cette leçon vous apprendra en outre que pour les États surchargés de population, travaillés d'ambitions sans emploi, de passions et de forces oisives, la guerre, loin d'être un mal, est souvent un remède, une industrie et une nécessité.

Vous aussi, Électeurs, vous allez vous trouver en présence de l'ennemi, et de l'issue de la bataille dépendent les destinées de votre pays. Le plan de campagne vous est connu ; il se résume en peu de mots qui renferment des promesses de réparation et de progrès : la réforme parlementaire, la réduction du budget, la révision des lois de septembre, l'abolition du droit de visite.

En dégageant les opinions de ce qu'elles ont d'exclusif, c'est-à-dire d'impraticable ; en prenant le terme moyen des diverses prétentions, on a reconnu que c'était là le fonds d'idées et de volontés commun à tous les partis. On en peut donc conclure aussi que c'est à peu près le vœu de la majorité nationale.

Convaincus des dangers du pays et de l'urgente nécessité de s'unir pour les conjurer, les patriotes et les bons esprits de toutes les nuances de l'opinion ont adopté ce programme. C'est là le point décisif qu'il s'agit d'emporter ; et les règles de la stratégie politique, aussi bien que celles de l'art militaire, ordonnent de concentrer et de faire agir toutes ses forces sur le point décisif.

Quant aux garanties à réclamer des candidats, les plus belles promesses ne valent pas l'adoption du programme ci-dessus, une probité éprouvée et un patriotisme antérieur à l'ordonnance de dissolution.

Électeurs, votre mission est grande, votre privilége est presque celui de la Providence. Toutes les institutions du régime représentatif ne seront elles chez nous que des décorations de théâtre ? La France continuera-t-elle de subir et de payer, en pleine paix, les frais et les humiliations de la défaite ? Les droits, les intérêts, et jusqu'à la subsistance de la nation, resteront-ils à la merci d'une poignée d'oligarques qui s'enrichissent de ses souffrances, et se font un piédestal de ses ruines ? Cette nation, naguère si grande, et qui pourrait le redevenir encore, tombera-t-elle, de déficit en déficit, dans le gouffre de la banqueroute, de l'anarchie ou de la conquête? Électeurs, ces questions sont soumises à votre décision souveraine.

Une si haute juridiction entraîne la plus redoutable de toutes les responsabilités morales. En déposant dans l'urne des suffrages votre verdict de jurés nationaux, pénétrez-vous de l'idée que vous remplissez la plus religieuse des magistratures, et pesez votre vote, car cette urne peut devenir celle de la destinée.

N'oubliez pas enfin que si la probité et le dévouement civiques ont leurs périls, ils ont aussi leur gloire; et qu'un jour vos enfants s'enorgueilliront de pouvoir dire de leurs pères : Ils étaient à ces fameuses élections de 1842 qui ont sauvé la France.

Imprimerie de H. FOURNIER et Ce, 7 rue Saint-Benoît.

www.ingramcontent.com/pod-product-compliance
Lightning Source LLC
LaVergne TN
LVHW020306230826
846091LV00006B/2549
* 9 7 8 2 0 1 1 7 5 1 0 9 6 *